HOE U U KUNT TRANSFORMEREN TOT EEN KERSTWONDERLAND

Verander uw huis in het magische wonderland van de Kerstman

NORA GREY

Hoe u uw Huis Kunt Transformeren Tot Een Kerstwonderland: Verander uw huis in het magische wonderland van de Kerstman

NORA GREY

Published by NORA A. GREY, 2024.

HOE U UW HUIS KUNT TRANSFORMEREN TOT EEN KERSTWONDERLAND: VERANDER UW HUIS IN HET MAGISCHE WONDERLAND VAN DE KERSTMAN

First edition. November 19, 2024.

Copyright © 2024 NORA GREY.

ISBN: 979-8230261384

Written by NORA GREY.

Also by NORA GREY

Cómo Transformar tu Hogar en un Paraíso Navideño: Convierte tu hogar en el mágico país de las maravillas de Papá Noel

Hoe u uw Huis Kunt Transformeren Tot Een Kerstwonderland: Verander uw huis in het magische wonderland van de Kerstman

Inhoudsopgave

INVOERING

KERSTMIS HEEFT EEN bepaalde manier om zelfs de meest eenvoudige huizen te transformeren in warme, uitnodigende oorden van geluk. En wat als je meer zou kunnen hebben dan alleen een comfortabel huis? Wat als je woonkamer dit jaar gevuld zou zijn met alle wonderen en betoveringen van de wereld van de Kerstman, met elk hoekje en gaatje stralend van vreugde en elk klein detail dat jouw eigen unieke vakantiesfeer weerspiegelt?

Stel je voor dat je binnenkomt en direct wordt meegevoerd naar een winters paradijs, waar elk ornament een verhaal vertelt en de fonkelende lichtjes buiten wedijveren met de schittering van de sterren. Dat is precies wat we gaan doen: je huis omtoveren tot een betoverend kerstwonderland dat lijkt alsof de Kerstman het zelf heeft versierd.

Het beste is dat je dit kunt bereiken zonder een graad in interieurontwerp of een grote bankrekening. Maak een einde aan dure warenhuisdecoraties die je portemonnee minder vrolijk maken.

We hebben het over de aantrekkingskracht van doe-het-zelfprojecten, waarbij alledaagse materialen zoals papier, touw en dennenappels worden omgezet in creatieve hulpmiddelen waarmee u uw huis kunt omtoveren tot een vreugdevolle oase die gezelligheid, originaliteit en warmte uitstraalt. Dit is de tijd van het jaar om echt los te gaan, elegantie en eenvoud, vakmanschap en charme te combineren en dingen plezierig en uniek te houden.

Handgemaakte ornamenten zijn waar de magie begint. Dit zijn echter geen doorsnee, vergeetbare, in de winkel gekochte snuisterijen.

Nee, dit zijn fantasierijke fragmenten die je trots in je boom hebt tentoongesteld, stralend van de liefde en moeite die je erin hebt gestoken om ze te maken. Stel je eenvoudige papieren vormen voor die met een klein stukje touw aan elkaar zijn bevestigd en bedekt met een dun laagje verf. Het lijkt zo simpel, misschien wel té simpel, nietwaar?

Dat is de sleutel. De kracht ervan komt voort uit de eenvoud. Wat is dan het beste? Deze kleine kunstwerkjes zijn niet exclusief voor je boom. Ze kunnen worden gebruikt als schattige cadeaulabels of om boven schouwen te hangen of aan deuren te bungelen.

Je handen geven plotseling elk hoekje en gaatje van je huis een extra vleugje kerstsfeer.

Vervolgens gaan we verder dan de conventionele boomversiering en voegen we iets uitgebreiders toe: kleurrijke kransen. Een krans die de aandacht trekt in plaats van alleen maar op je deur te staan.

We hebben het over linten die de ideale touch van feestelijke flair geven, kunstmatige bessen die barsten van de levendige kleuren van de winter en druivenranken die kronkelen en draaien in een ingewikkelde cirkel.

Het is vergelijkbaar met het maken van een live kunstwerk, waarbij elk onderdeel dat u selecteert een uniek verhaal te vertellen heeft. En deze krans wordt meer dan alleen decoratie als hij eenmaal is opgehangen. Het is een manier om "Welkom bij Kerstmis" te zeggen tegen iedereen die door uw deur komt, en ze een warm welkom te geven.

Laten we het nu over de eettafel hebben, het middelpunt van elke feestdag. Weet je hoe alles naar die tafel lijkt te worden getrokken? Een paar glazen advocaat, verhalen en gelach. Het is meer dan alleen een restaurant, het is een locatie om herinneringen te creëren.

En welke verfijndere aanpak om een middelpunt te creëren voor die momenten dan met een prachtig zelfgemaakt middelpunt? We hebben het over kaarsen die flikkeren en een gezellige, zachte gloed hebben.

Dennenappels, achteloos gerangschikt om een rustiek, winters gevoel te creëren. En voor een laatste vleugje betovering, kunstmatige sneeuw verspreid als een fantasie van de eerste sneeuwval. Het gaat hier niet om perfectie. Het vastleggen van de natuurlijke schoonheid van de natuur terwijl het middelpunt voor zichzelf spreekt, is het doel.

Je hebt een setting gecreëerd waarin elke maaltijd een feestelijk tintje krijgt wanneer de lichten uitgaan en de kaarsen flikkeren.

We moeten echter verder kijken dan het interieur van uw huis, want de buitenkant biedt een eerste blik op het wonderland dat u hebt gebouwd. Stap binnen in de spectaculaire lichtshow buiten. Niets is te vergelijken met de betovering van sprankelende lichten tegen een frisse, donkere winternacht. Het lijkt op het voorbereiden op de grote komst van de Kerstman. Maar hier begint het plezier: deze lichten vertellen verhalen en zijn niet alleen decoraties.

Ze voegen vitaliteit toe aan uw huis, of ze nu over struiken hangen, om bomen gewikkeld zijn of langs hekken geregen zijn. Ze vestigen de aandacht op de kleine dingen, die de nacht een dimensie geven en uw voortuin transformeren in een podium waarop de sterren erboven deel lijken uit te maken van de actie. Maar eerst veiligheid. Omdat de vreugde die uw lichten brengen het enige moet zijn dat helderder is dan uw lichten, moet u altijd buitenverlichting gebruiken en u houden aan de instructies van de fabrikant.

Bovendien gaat het verder dan alleen het ophangen van lampjes en het daarbij laten. Oh nee, het zijn de extra's waar het plezier in zit. Lichtgevende bollen in de sneeuw, verlichte slingers die langs de verandaleuning slingeren en misschien zelfs een paar LED-vormen die net dat beetje extra charme toevoegen. Dit is waar je je creativiteit echt kunt uiten. Je kunt een scenario creëren dat niet alleen de avond opfleurt, maar ook anderen verleidt om de gezelligheid van je vakantiestemming te ervaren.

Wie weet? Misschien vertragen mensen om de magie van je display in zich op te nemen, waardoor het het gesprek van de buurt wordt.

Alles wat je nodig hebt, inclusief papier, touw, kaarsen en dennenappels, ligt voor je. De ware essentie van kerstmagie ligt niet in de prijskaartjes van warenhuizen, maar in het hart en de handen van de maker. Jij. Met elk doe-het-zelfproject voeg je niet alleen decoratie toe aan je huis, je weeft je karakter in elke hoek, elk licht en elke sprankeling.

HOOFDSTUK 1
HANDGEMAAKTE KERST ORNAMENTEN

Zelf decoraties maken voegt iets toe dat geen enkel ornament uit de winkel kan evenaren. U hebt de macht om gewone materialen te transformeren in iets levendigs en unieks dat uw identiteit en de feestdag die u wilt creëren, uitdrukt. Gepersonaliseerde ornamenten zijn meer dan alleen decoraties; het zijn fragmenten van u verspreid over de takken, die elk bij elke blik een ander verhaal onthullen. Met zijn herinneringen en unieke accenten begint uw boom de sfeer aan te nemen van een oude vriend die nooit met goedkoop kerstversiering kan worden nagebootst.

Beginnen met iets zo eenvoudigs als papier is een optie. Een paar vellen, mogelijk vellen die ongebruikt zijn blijven liggen, transformeren plotseling in iets anders. Een paar vouwen en knippen kunnen harten, sterren of sneeuwvlokken creëren. Uw ornament kan nog steeds aantrekkelijk zijn zonder dat het te ingewikkeld is; de charme komt van de iets off-center snede en ruwe randen. Het begint bij te dragen aan de aantrekkingskracht.

Als je ze ophangt, zie je hoe de lichten ze vangen en dansende schaduwen over de ruimte creëren. Net als de sneeuwvlokken die buiten je raam vallen, is elke sneeuwvlok uniek en zijn er geen twee hetzelfde.

Denk eens aan wat u al in huis hebt, zoals knopen, versleten linten en extra lapjes stof. Ze zijn er gewoon, klaar om te worden getransformeerd tot een vreugdevolle gelegenheid. Met een beetje lijm en doorzettingsvermogen kunnen deze verlaten voorwerpen nu tot leven worden gebracht met feestelijke charme.

Die knopen? Die veranderen in een charmante kleine sneeuwman. Die strik? Die nestelt zich knus tussen de takken en omsluit een klein geschenkdoosje dat je hebt gemaakt. Elk stuk is een verhaal dat je vakkundig hebt samengesteld. Dennenappels zijn nog zo'n creatieve goudmijn. Ze geven je kerstboom een rustiek, aards gevoel en zijn gratis, vers uit de natuur. Neem er een paar van buiten, maak ze snel schoon en laat je creativiteit de vrije loop. Een beetje witte verf om de look van vorst te simuleren of een beetje glitter om kaarslicht perfect vast te leggen, maakt een groot verschil. Met een beetje touw of touw om de bovenkant gewikkeld, kun je gemakkelijk een ornament maken dat er geweldig uitziet in een hut tijdens de winter.

Maar eenvoud is niet alles. Soms wil je risico's nemen en wat gedurfder zijn. Waarom maak je geen opvallende ornamenten? Hiervoor is klei ideaal.

Het enige dat je nodig hebt is wat luchtdrogende klei, een deegroller en koekjesvormpjes; er is geen oven of geavanceerde apparatuur nodig. Druk je vormen erin, rol het uit en laat het drogen.

Voor je het weet, heb je sterke, mooie stukken die eenvoudig kunnen zijn voor een meer natuurlijke look, geverfd of glinsterend. Je kunt alles ophangen wat je wilt, sterren, rendieren, kerstbomen - je kunt ze allemaal fel laten schijnen aan de takken van je boom.

En wat dacht je van vilt? De beste vriend van een ambachtsman, vilt is zacht, kleurrijk en eenvoudig om mee te werken. Je knipt vormen uit, zoals een kleine peperkoekenman of een kerstsok, vult ze met wat katoen om ze mollig en knus te maken en naait ze aan elkaar met draad.

Het is een handgemaakt item dat gezelligheid toevoegt aan uw boom; bind gewoon een lint om de bovenkant. Elke steek brengt een klein stukje van u in de feestdagen, waardoor het betekenisvol en persoonlijk wordt.

Kralen zijn geweldig voor mensen die van een beetje glans in hun leven houden.

U kunt decoraties voor uw boom maken die fonkelen als kleine sterren. Neem wat draad, rijg er een verscheidenheid aan levendige kralen aan en draai en buig het in elke gewenste vorm, zoals sterren, sneeuwvlokken of zelfs abstracte vormen die uw decor een eigentijds tintje geven.

Wanneer het licht ze precies in de juiste hoek raakt, zullen er kleurschitteringen door de ruimte stuiteren. En het is heel eenvoudig! Iedereen kan kralen aan elkaar knopen, zelfs als ze niet zo handig zijn, en het eindresultaat zal je het gevoel geven dat je de kunst van de kerstmagie hebt geperfectioneerd.

De manier waarop deze handgemaakte ornamenten allemaal samenkomen, is wat ze zo mooi maakt. Een voor een voegen ze unieke accenten toe aan uw boom: momenten uit uw leven genaaid, geplakt of in vorm gedraaid. Ze zijn uniek omdat ze niet perfect zijn.

Het is de bedoeling dat uw boom er niet uitziet alsof hij rechtstreeks uit een warenhuisraam is geplukt. Hij is doordrenkt met uw persoonlijkheid en de vakantie die u voor uw geliefden hebt gepland.

Stel je voor dat die boom zachtjes schijnt in het schemerlicht. Misschien is er een knetterend vuur in de buurt en is de kamer gevuld met de geur van dennen. Elk ornament heeft een achtergrondverhaal, of het nu een herinnering is van dit jaar of voorgaande jaren, een cadeau van een vriend of iets dat je op een luie middag hebt gemaakt.

Dit zijn meer dan alleen versieringen; het zijn aandenkens die herinneringen oproepen telkens wanneer u ze het jaar erop uit de doos haalt. en het jaar erop. Het zijn meer dan alleen ornamenten voor uw boom; ze zijn een integraal onderdeel van de gewoonte en de gelegenheid.

En dat is nou juist de magie ervan. Een winkel verkoopt je misschien een boom vol met glimmende, goed gemaakte versieringen, maar niets zal ooit dezelfde sentimentele waarde hebben als iets dat je zelf hebt gemaakt.

Zelf ornamenten maken is een geweldige manier om herinneringen te bewaren en iets te creëren dat veel langer meegaat dan een doos met commercieel gekochte ornamenten. Door een stukje van jezelf mee te nemen naar de feestdagen en het op te hangen zodat iedereen het kan zien, doe je meer dan alleen decoreren.

In een tijd waarin alles met één klik gekocht kan worden, is er iets unieks aan het nemen van je tijd en het met de hand creëren van iets. Het geeft de feestdagen een gevoel van gemeenschap en gezelligheid dat ongeëvenaard is door iets dat al is voorverpakt.

Uw huis wordt gevuld met die onmiskenbare kerstmagie door het creatieve proces, of het nu gaat om een eenvoudige papieren sneeuwvlok of een uitgebreid kralenornament.

Papieren ornamenten maken met alledaagse materialen

L aat je creativiteit de vrije loop met een schaar, een assortiment oude tijdschriften en eventueel overgebleven restjes inpakpapier van vorig jaar. Er is iets aan het omtoveren van gewoon papier tot magische kerstversieringen dat mij blij maakt. Het is alsof je stukje bij beetje het gewone in het buitengewone verandert. Een paar vouwen en knippen is alles wat nodig is om een papieren ster te maken. Je kunt beginnen met het uitknippen van kleine hartjes en sterren en experimenteren met verschillende vormen die je aanspreken. Misschien bepaalt het traditionele ontwerp van een kerstboom of een hangende bel de sfeer. Je hebt de benodigdheden al in huis; ze liggen alleen maar in het zicht, wachtend om te worden getransformeerd tot een feestelijke creatie.

Maak die ontbijtgranendoos die je weg wilde gooien plat. Je kunt dat saaie bruine oppervlak snel gebruiken als basis voor je feestelijke papieren ornamenten. Knip een paar vormen uit, zoals sterren, bomen of, als je heel gedurfd bent, een sneeuwvlok.

Pak die stiften, restjes spuitverf of zelfs nagellak als je je extra gedurfd voelt en voeg wat kleur toe. Voeg levendige kleuren, patronen en motieven toe op die levenloze oppervlakken om je ornamenten te laten opvallen. Het mooiste aspect? Iedereen is uniek. Een beetje karmijnrood hier, een beetje glitter daar, en ineens voelt je huis warm en vol met stukjes en beetjes van jou.

Het is niet nodig om een expert in ambachten te zijn om iets uitzonderlijks te doen. Betrek het hele gezin erbij en laat de kinderen hun eigen unieke vormen ontwerpen.

Het is mogelijk om er meer uit te zien als een blob dan als een bel, maar dat is onderdeel van de aantrekkingskracht. De aantrekkingskracht zit in imperfecties; de kleine details in het ontwerp accentueren het handgemaakte gevoel. Misschien wilt u het simpel houden en een minimalistische stijl behouden door alleen wit papier te gebruiken. Of u kunt een levendige kleurexplosie gebruiken die uw boom energie geeft. Het is helemaal aan u, hoe dan ook. Als je je creatief voelt, kun je wat textuur aan de papieren sterren toevoegen. Geef ze voor het uitvouwen een licht gekreukeld uiterlijk om de indruk te wekken dat ze al een hele tijd op de Noordpool hangen. Voeg een laagje glitter toe om een mat effect te creëren en transformeer je gewone papieren ster in een erfstuk uit de werkplaats van de Kerstman. Stop daar niet. Haal die oude knopen uit je naaisetje en gebruik lijm om ze als kleine versieringen aan de papieren ornamenten te bevestigen. Wie had gedacht dat een oude knoop met een ontbrekend paar nieuw leven ingeblazen zou kunnen worden en gebruikt zou kunnen worden als feestelijke toevoeging aan je boom?

Er zijn talloze ideeën als het gaat om papierknutsels. Je kunt snel een slinger maken door veel papieren cirkels aan elkaar te rijgen. Laat de kleuren veranderen in rood, groen en goud, één lus per keer, en zie hoe je kamer er feestelijk uitziet. Of probeer iets ingewikkelder. Wanneer je het papier uit elkaar haalt, krijg je een rij met onderling verbonden sterren of kerstbomen. Vouw het papier in accordeonplooien en knip vormen uit de vouwen. Het gevoel van voldoening dat je krijgt als je zulke eenvoudige middelen gebruikt om iets zo opvallends te creëren? Het is onverslaanbaar.

Beperk jezelf ook niet tot simpele vormen. Met een paar kleine knipjes hier en daar, kunnen papieren kegels eenvoudig worden omgetoverd tot kerstbomen. Je kunt een grillig bos in je woonkamer creëren door ze te stapelen, te verven en er kleine pompons bovenop te plakken. Het hoeft niet moeilijk te zijn. Een beetje papierinventiviteit kan een heel eind komen. Kijk in je kast voor benodigdheden; bruine papieren zakken werken goed als zelfgemaakte ornamentendoeken. Knip ze in repen, vouw ze in sterpatronen of draai en vlecht ze in kransvormen. De warme, huiselijke sfeer van bruin papier kan de gezelligheid van uw kerstdecoratie vergroten. Voor een organische, handgemaakte charme, versier ze met touw, gedroogd fruit of zelfs takjes groen. Het is het onverwachte dat de magie heeft. Misschien was er nog een andere toepassing voor die oude kleedjes die stof verzamelden in de la. Nadat je ze in de vorm van sneeuwvlokken hebt gevouwen, hang je ze uit de ramen en zie je hoe het licht ze vangt, waardoor er prachtige schaduwen ontstaan die door de ruimte dansen. Die oude kaart die je achterin de kast hebt verstopt?

Snijd het in stervormen, zodat de wegen en lijnen elk ornament een eigen visuele textuur geven. U kunt ook krantenpapier gebruiken om rustieke ornamenten met een antieke uitstraling te maken. Transformeer een oud stuk direct in iets compleet nieuws door wat gouden verf op de randen aan te brengen.

Vergeet daarnaast niet om papier te gebruiken voor uw cadeaulabels. Maak kleine vierkantjes van de overgebleven delen van uw ornamenten. Uw cadeaus kunnen nu volledig worden gepersonaliseerd door er een klein touwtje aan toe te voegen. Uw pakketten krijgen een handgemaakte touch die alles verenigt, in plaats van de generieke in de winkel gekochte labels.

Dingen er mooi uit laten zien is niet het enige dat bij papierknutselen komt kijken. De sleutel is om wat je al hebt om te zetten in iets betekenisvols. Als je ziet dat stukjes papier die eerder in je huis verstopt zaten tot leven komen en kleur toevoegen aan je boom, word je vervuld met een uniek gevoel van geluk. Het gaat ook om het creatieve proces in plaats van alleen om het eindresultaat. Dat is het moment waarop je aan de slag gaat met een stel scharen, lijm en papiersnippers en je handen iets alledaags laat transformeren in iets spectaculairs. Papier heeft de eigenschap om alles persoonlijker te laten voelen. Het is luchtig, luchtig en kneedbaar. Het kan elegant of basic gemaakt worden. Je kunt het verven, vouwen, draaien of versnipperen. De mogelijkheden zijn onbeperkt. Je creëert herinneringen met elk stuk, niet alleen ornamenten, die dit jaar en elk jaar daarna in je boom hangen, en die met elk voorbijgaand feestseizoen aan betekenis winnen.

Het toevoegen van touw en decoratieve flair

Meer dan alleen een eenvoudige vorm zal uw ornamenten echt laten opvallen; u moet ook die unieke touch toevoegen die ze uniek van u maakt. Het touwtje, een klein maar krachtig kenmerk dat meer doet dan alleen het ornament in de boom hangen, is waar het allemaal begint. U kunt een stuk lint gebruiken dat u hebt gerecycled van een oud cadeau, dun touw of kleurrijk garen.

ALS U UW ORNAMENTEN zorgvuldig rijgt en ervoor zorgt dat ze op de ideale hoogte hangen, krijgt uw kerstboom de ultieme harmonie. Elk onderdeel lijkt zorgvuldig te zijn gerangschikt door elfen, want het wiegt zachtjes en vangt het licht perfect.

Maar als je verder kunt gaan, waarom zou je dan stoppen bij touw? Het echte plezier begint wanneer je die extra flair toevoegt. Stel je een strook glitter voor die over je decoraties is verspreid en glinstert onder de kerstverlichting. Misschien is het niet alleen glitter; misschien heeft elk stuk kleine geschilderde sneeuwvlokken of gouden sterren die nauwkeurig met de hand zijn getekend om het nog aantrekkelijker te maken. Die kleine dingen zijn wat er echt toe doet. Elk ornament moet aanvoelen alsof de feestgeest het heeft gekust; elk exemplaar moet lijken op een klein beetje betovering dat aan de takken hangt.

Het rijgen van de versieringen wordt een ambacht op zich. Het touwtje moet het ontwerp versterken in plaats van overschaduwen. Het geheim is om het touwtje ingetogen te houden, zodat het ornament centraal staat. Een klein draadje goud of zilver, of zelfs doorzichtige vislijn, zal de aandacht vestigen op het middelpunt van het stuk. Voor een meer grillige touch, overweeg om rood-wit bakkerstouw te gebruiken om gevoelens van vervlogen kerstseizoenen op te roepen. Je creëert een omgeving en zorgt ervoor dat elke beweging ertoe doet - je hangt niet alleen versieringen op.

Nadat het touwtje is geregen, moet u bedenken waar u het ornament wilt plaatsen. Het komt allemaal neer op de afstand. Uw boom ziet er rommelig uit als hij te dicht op elkaar staat; schaars als hij te ver weg staat. Hij heeft een bepaald ritme en evenwicht. De versieringen moeten lijken te zweven in de ruimte en langzaam ronddraaien als reactie op de luchtbeweging. Terwijl sommige hoger in de boom moeten worden geplaatst, waar de lichten opvallende schaduwen kunnen creëren, moeten andere laag hangen, richting de uiteinden van de takken.

Laten we het even over glitter hebben. Het is een van die dingen die een gewoon object plotseling in iets spectaculairs kunnen veranderen. Een klein beetje is al genoeg, dus je hoeft je decoraties er niet helemaal mee te bedekken. Het beeld heeft een matte uitstraling die je krijgt door lichtjes lijm op de randen te smeren en het vervolgens met fijne glitter te bestrooien. De subtiele glans trekt de aandacht en benadrukt de kleine kenmerken. De truc is om het precies goed aan te brengen: niet te dik en niet te spaarzaam.

Net als bij de mooiste decoraties is het belangrijk om te weten wanneer je moet stoppen.

Natuurlijk zijn er andere manieren om flair toe te voegen dan glitter. Overweeg om texturen in lagen te rangschikken. Misschien bevestig je een klein knoopje aan het midden van een ster of wikkel je een klein lintje om de onderkant van een hangende decoratie. De composities voelen doordachter en betekenisvoller aan vanwege deze kleine details. Je zou ook wat ontwerpen kunnen schilderen, zoals kleine hulstblaadjes bovenaan of een zuurstokstreep langs de rand.

Door deze nuances voelt het ornament aan als meer dan zomaar een decoratiestuk, wat het karakter en diepte geeft.

Het is erg bevredigend om te zien hoe een ornament tot leven komt met een paar strategisch geplaatste details. Je ontwerp krijgt een subtiele dimensie wanneer je er kleine kraaltjes of pailletten in verwerkt. Het is niet nodig om overboord te gaan; een klein kraaltje op de rand van een papieren ster of een paar pailletten verspreid over een boomvorm kunnen een grote impact hebben. De kleine details zijn wat het complete ensemble een boost geeft en je boom een unieke glans geeft.

Daarnaast kun je experimenteren met onconventionele materialen. Denk erover om er een touwtje met kleine belletjes omheen te knopen, zodat het ornament zachtjes rinkelt terwijl het beweegt. Je kunt ook wat dennenappels aan de bovenkant toevoegen om het een rustieke, natuurlijke uitstraling te geven. Gebruik eventueel extra inpakpapier om miniatuurvormen te maken die je als decoratie kunt gebruiken. Je kunt patronen over elkaar heen leggen, experimenteren met kleur en het ontwerp intrigerender maken. Het idee is om ervan te genieten en je originaliteit in elk ornament te laten doorschemeren.

Kleur mag niet over het hoofd worden gezien. Het juiste kleurenschema kan alles samenbrengen en uw boom een uniforme uitstraling geven. U kunt een thema kiezen, zoals klassieke rode, groene en gouden tinten, of meer eigentijds met blauw, zilver en wit. Denk bij het versieren na over hoe elk onderdeel de andere aanvult. Verbetert de manier waarop de glitter het licht reflecteert het algehele uiterlijk? Trekt het touwtje de aandacht naar zichzelf zonder af te leiden van de kleuren?

Het draait allemaal om het harmoniseren en het op unieke wijze tot zijn recht laten komen van elk element.

Er is geen haast bij het werken aan deze ornamenten. Laat elk zich ontwikkelen terwijl je verdergaat. Het begint misschien als een simpele ster, maar zodra je de draad, de glitter en de kleine geverfde versieringen toevoegt, wordt het iets geheel origineels. Zowel letterlijk als conceptueel trekt de draad alles samen, stuurt het ontwerp aan en benadrukt tegelijkertijd jouw unieke accenten.

HOOFDSTUK 2

DE PERFECTE KRANS – GASTEN MET STIJL VERWELKOMEN

En krans dient als uitnodiging en als decoratie. Het is het eerste wat mensen zien als ze bij je voor de deur staan; het is een warm welkom in je huis vanaf het moment dat er iemand klopt. Meer dan alleen kleur of symmetrie, het doel van het maken van de ideale krans is om de geest van het seizoen samen te vatten in een enkele, vrolijke cirkel. Je krans zet de toon voor wat er achter die deur zit, of je het nu klassiek houdt of gek doet met ongewone details. Het zinspeelt op de geneugten die erin schuilen, en brengt warmte, humor en de uitgesproken charme van het seizoen met zich mee.

Begin met de basis. Het gevoel van groenblijvende takken in je handen terwijl je ze in die traditionele bolvorm weeft, heeft een bepaalde bevredigende kwaliteit. Of ze nu echt of nep zijn, ze dienen als de basis en het raamwerk dat je idee coherent houdt. Je vormt niet alleen een ruimte met elke draai en plooi, maar je creëert ook een gastvrije sfeer die bijna schreeuwt om warme chocolademelk en kerstliederen bij de open haard. Als je voor het echte werk gaat, vult de geur van dennen de lucht met die duidelijke geur van de winter en roept herinneringen op aan vreugdevolle nachten en met sneeuw bedekte bomen. Het is stemming, niet alleen versiering.

Laten we nu wat persoonlijkheid toevoegen. Accepteer niet de typische strikken en bessen. Denk aan de lagen, de textuur en de manieren waarop elk element het verhaal dat uw krans probeert over te brengen, kan versterken. Misschien is het de rijke, kruidige geur die uit bundels kaneelstokjes komt die met draad aan elkaar zijn gebonden. Als alternatief kunt u ook kiezen voor gedroogde sinaasappels, omdat hun levendige kleur en delicate aroma een eerbetoon zijn aan vintage vakantietradities. U maakt niet alleen een krans, maar u combineert ook texturen en geuren om een zintuiglijke overbelasting te creëren die gasten begroet zodra ze op uw veranda aankomen.

Een zekere mate van artisticiteit is nodig, maar het hoeft niet perfect te zijn. Er zijn momenten waarop de onrust schoonheid heeft.

Je kunt eucalyptus- of rozemarijntakjes toevoegen die in willekeurige hoeken uitsteken, of je kunt een paar strengen klimop wild van onderen laten hangen om de illusie te wekken dat de krans groeit terwijl hij hangt. Het hoeft niet precies te zijn. Er moet leven in zitten, alsof hij net uit een wintertuin is gehaald, met vorst is bestoven en triomfantelijk op je voordeur is geplaatst. Het zijn de gebreken, zoals de licht kromme bessen of het lint dat wild in de wind kronkelt, die hem onvergetelijk maken.

En als we het toch over linten hebben, dan is dit het echt spannende gedeelte. Negeer de typische kant-en-klare strikken die je in elke hobbywinkel kunt kopen. Het moet eruit springen als je het wilt. Misschien is het een dieprood fluwelen lint, of misschien is het een geruit ontwerp dat je terugbrengt naar warme flanellen truien en koude nachten bij de open haard. Waarom zou je in plaats daarvan geen kant gebruiken? Iets onverwachts en elegants dat een zacht contrast vormt met het ruige gebladerte. Laagjes zijn de sleutel; laat een lint in losse lussen vloeien en het licht vangen terwijl het beweegt, of laat een lint tussen de takken weven. Het doel is om het er eenvoudig uit te laten zien, zelfs als je 30 minuten hebt gedaan om het te perfectioneren.

Wees niet bang om elementen in uw kransontwerp op te nemen die misschien ongewoon lijken. Hoewel dennenappels een traditionele toevoeging zijn, wat dacht u van kleine houten sneeuwvlokken? Of misschien een reeks kleine belletjes die zachtjes rinkelen telkens wanneer de deur opengaat? U kunt ook stukjes stof gebruiken, zoals lapjes van vakantiedekens met sentimentele waarde of vintage sjaals. Deze kleine versieringen geven uw krans persoonlijkheid en tillen hem van een eenvoudige vakantiedecoratie naar iets ongelooflijk unieks.

Het fascinerende zit in het kleurenschema. Hoewel ze altijd betrouwbaar zijn, zijn traditioneel rood en groen niet vereist. Goud en zilver voegen een vleugje verfijning toe en vangen het winterlicht perfect. Misschien wilt u een mat effect creëren met witte, zilveren en blauwe tinten, waardoor de indruk ontstaat dat uw krans rechtstreeks uit een bos met sneeuw is gehaald.

U kunt ook warme aardetinten gebruiken, zoals gebrande oranje tinten, rijk bordeauxrood en koperen accenten die schitteren tegen de achtergrond van het gebladerte, voor een meer rustieke sfeer.

Terwijl de krans vorm begint te krijgen, denk dan eens na over de laatste details. Een krans lijkt onvolledig zonder een beetje glitter. Je zou kleine lichtslingers tussen de takken kunnen weven; ze zouden bescheiden genoeg zijn om te glinsteren zonder de aandacht af te leiden van de inherente schoonheid van het gebladerte. Je kunt er ook voor kiezen om delicate versieringen te verbergen tussen het gebladerte, zoals kleine glazen ballen of interessant gevormde houten wezens. Ze trekken de aandacht zonder in het middelpunt van de belangstelling te staan.

De traditionele locatie voor een deur is in het midden, maar waarom zou je niet een beetje creatief zijn? Voor een meer rustieke look, probeer hem aan een dik touw te hangen; of ga asymmetrisch en plaats hem iets opzij voor een eigentijdse twist. Om echt dat warme, feestelijke gevoel in huis te halen, kun je hem zelfs in een grotere display verwerken door aan beide kanten lantaarns te plaatsen of je deur te omlijsten met slingers.

Het is belangrijk dat u de krans beschouwt als het middelpunt van uw buitendecoratie voor de feestdagen. De krans moet de aandacht trekken, maar mag niet overheersen.

En het leukste aspect van het maken van je eigen krans? Het wordt een weerspiegeling van jou, je huis en wat je tijdens de feestdagen aan de wereld wilt laten zien. Het gaat niet om perfectie. Het gaat erom de kleuren, texturen en geuren te combineren die jou aanspreken.

Misschien vraagt dat om het vasthouden aan klassieke componenten zoals bessen en hulst, of misschien vraagt het om iets totaal onconventioneels, zoals veren of oude versieringen van de boom waarmee je bent opgegroeid.

Het fundament bouwen met druivenranken en groen

Wijnrankkransen lijken in eerste instantie misschien eenvoudig, maar hun onbewerkte, gedraaide aard - de manier waarop ze organisch buigen en klitten - heeft een zekere elegantie. Met de basis begint het allemaal. Er is geen reden om haast te maken. Begin met het voelen van de textuur en buiging van elk stuk terwijl je met je vingers over de dikke, rustieke wijnranken gaat. Of je de wijnranken nu zelf verzamelt of ze koopt in een hobbywinkel, wijnrankkransen hebben een aardse, organische uitstraling die de toon zet voor het hele arrangement. Het is een leeg canvas dat alleen maar wacht om versierd te worden om iets echt feestelijks te creëren.

Pak die krans vast en luister naar zijn wensen terwijl je hem begint te maken. Dwing hem niet tot een perfecte cirkel - laat de wijnranken op natuurlijke wijze lussen en overlappen, zoals de natuur het bedoeld heeft. De aantrekkingskracht van wijnrankkransen schuilt in hun enigszins ongetemde, versleten uiterlijk. Je maakt geen fabrieksmatig perfecte krans; je maakt juist iets unieks en duidelijk van jezelf, vol persoonlijkheid en kerstsfeer.

Werken met druivenranken is magisch omdat het flexibel, vergevingsgezind en vol mogelijkheden is. Het is tijd om nu wat blad toe te voegen.

Borduurwerk voegt leven toe aan uw krans. Het komt allemaal neer op het weven van de kunstmatige takjes in de wijnranken, of u nu kunstmatige takjes gebruikt of verse dennentakken die u uit de achtertuin hebt geknipt. U hoeft zich geen zorgen te maken over nauwkeurigheid. Begin met het rangschikken van de stukken in verschillende richtingen, waarbij u sommige losjes laat hangen en andere precies in de ruimtes ertussen past.

Welke u ook kiest, zolang het maar die weelderige, feestelijke sfeer creëert, is het goed: dennenhout, sparrenhout of cederhout. Het geheim is om het er natuurlijk uit te laten zien, alsof de krans spontaan zijn vorm aannam nadat hij door de wintervorst was gebeten. Het is belangrijker om iets te creëren dat uitnodigend, levend en fris aanvoelt dan iets dat extreem gepolijst is.

Dan zijn er de plastic bessen. Het mengen van kunstmatige en natuurlijke elementen lijkt misschien vreemd in eerste instantie, maar hier komt het plezier.

Je krans heeft een vakantiegevoel zonder de zintuigen te overweldigen dankzij het contrast dat ontstaat door de schitterende rode accenten tegen het donkergroen. Verspreid ze, stop ze onder het gebladerte zodat ze uitsteken als kleine juwelen. Als verloren schatten die wachten om ontdekt te worden, kunnen sommige zich op één plek verzamelen, terwijl andere zich over de krans verspreiden. Net als de leestekens in je ontwerp trekken bessen de aandacht zonder centraal te staan.

Het komt allemaal neer op balans, maar niet het soort balans waar je te veel rekening mee moet houden. Laat de krans vorm krijgen terwijl je bezig bent, en vertrouw op je instinct. Als iets goed voelt, is het dat waarschijnlijk ook. En wees niet bang om creatief te zijn met andere texturen. Voeg een paar takjes eucalyptus of rozemarijn toe om dimensie en een subtiele geur toe te voegen. Deze details tillen je krans van gewoon naar iets unieks van jou. De onverwachte combinatie van materialen, dennen, wijnranken, eucalyptus, maakt het een beetje onvoorspelbaar, een beetje wild, en dat is precies de bedoeling. Je bent niet alleen aan het decoreren; je creëert een stukje van de feestdagen dat organisch en geleefd aanvoelt.

Zodra het groen op zijn plek zit, stapt u even terug. De krans moet vol aanvoelen, maar niet overvol. De druivenrank moet hier en daar nog door de krans heen gluren, zodat u een glimp kunt opvangen van zijn ruwe, natuurlijke vorm. Dit is de basis: sterk, eenvoudig en klaar voor welke feestelijke accenten u ook besluit toe te voegen.

Als je die basis in handen hebt, geeft dat een bepaald gevoel van voldoening, omdat je weet dat je met iets zo elementairs werkt.

De druivenrank, gedraaid en gebogen in vorm, wordt het hart van je ontwerp. Het is stevig, maar niet stijf, waardoor je vrij kunt weven en lagen kunt maken. Het groen dat eroverheen is gedrapeerd verzacht de randen, waardoor het geheel levend aanvoelt, alsof het zich uitstrekt om de winterkou te verwelkomen. Maar de krans is nog niet klaar. Er is meer te bouwen, meer te brengen in deze cirkel van vakantiesfeer.

Denk aan de kleine details. Een paar dennenappels genesteld in de hoeken, hun houtachtige textuur voegt een rustieke charme toe.

Stop ze in de takken, alsof ze er op natuurlijke wijze zijn gevallen, gevangen in de wijnranken terwijl ze groeiden. Of misschien geef je de voorkeur aan iets delicaters, zoals een paar strengen gedroogde bloemen of kleine bundels kaneelstokjes vastgebonden met touw.

Deze details zijn niet alleen decoratief; het zijn stukjes geheugen, die de geuren en texturen van het seizoen in focus brengen. Elk element dat je toevoegt, bouwt voort op het verhaal dat de krans vertelt, laag voor laag.

Het zijn deze kleine details waar je persoonlijkheid doorheen schijnt. Misschien ga je voor een minimalistische look, waarbij de druivenranken en het groen het meeste werk doen, of misschien stapel je de decoratie op en vul je de krans met kerstballen en snuisterijen tot hij bijna overloopt van de kerstsfeer. Het punt is dat er geen goede of foute manier is om het te bouwen. Net zoals elk huis zijn eigen tradities heeft, krijgt elke krans een eigen leven, gevormd door de handen die hem maken.

Als je je avontuurlijk voelt, probeer dan wat lint te rijgen. Een dik, opvallend lint in een feestelijk rood of goud kan je krans van eenvoudig naar spectaculair transformeren. Wikkel het losjes om de krans en laat het in en uit de takken weven als een lint dat door een cadeau kronkelt. Of misschien geef je de voorkeur aan iets subtielers, een dun stukje touw of een lint in gedempte tinten dat de natuurlijke kleuren van het groen aanvult. De manier waarop het lint krult en stroomt, voegt beweging toe, waardoor de krans dynamisch aanvoelt, levend met de geest van het seizoen.

En dan is er nog de optie om een beetje sprankeling toe te voegen. Misschien is het een reeks lichtslingers die door de takken fonkelen en een zachte gloed werpen die de aandacht trekt terwijl ze flikkeren in het avondlicht. Of misschien is het een laagje glitter, spaarzaam aangebracht op de uiteinden van het groen, zodat het net genoeg sprankelt om magisch aan te voelen, zonder de natuurlijke schoonheid van de krans te overheersen. De lichtjes, de glitter, deze finishing touches creëren die laatste laag van vakantiewonder, waardoor je krans op de meest feestelijke manier tot leven komt.

Linten en creatieve aanpassingen

Pak het lint en denk er niet te veel over na: dit is waar je krans echt die extra vonk krijgt. Linten hebben een manier om de meest basale krans te transformeren in iets speciaals, zoals de laatste versiering op een ingepakt cadeau. Begin met het kiezen van de juiste kleuren: misschien de diepe rode en groene tinten van een klassieke kerst, of ga voor gewaagd met metallic goud en zilver voor een vleugje glamour. De texturen zijn ook belangrijk. Satijn voor een gladde, rijke look of jute als je neigt naar rustieke charme. Deze kleine keuzes bepalen de hele sfeer van je krans.

Nu komt het leukste gedeelte: strikken maken. Het is niet zo lastig als het klinkt. Je wilt dat je strik vol en feestelijk aanvoelt, niet stijf of geforceerd. Begin met het lint losjes in je hand te lussen, zodat er zachte vouwen ontstaan. Knijp het midden vast en zet het vast met een stukje bloemendraad of touw, zodat de lussen op natuurlijke wijze uitwaaieren. Maak je geen zorgen over symmetrie. Laat het iets ongelijk zijn, met de uiteinden in verschillende lengtes. Die imperfecte, handgemaakte look voegt charme en karakter toe.

De strik moet moeiteloos te bevestigen zijn, alsof hij speciaal ontworpen is om op de krans te vallen.

Zodra je strik klaar is, is het tijd om hem te plaatsen. Stop hem strak in de basis, uit het midden of direct bovenaan. Waar je hem ook neerlegt, het lint moet als een natuurlijke verlenging van de krans vloeien. Laat de uiteinden naar beneden hangen, krullend en kronkelend door het groen, alsof ze dansen in de koude wind. Je kunt ze zelfs van de onderkant van de krans laten vallen, wat een gevoel van beweging geeft.

Als de krans wat stijf aanvoelt, zal het lint hem snel weer soepel maken.

Maar stop niet bij één lint. Leg verschillende breedtes, texturen en kleuren op elkaar. Begin met een dikker, steviger lint als basis en weef er dan een smaller lint met een contrasterende textuur of kleur doorheen. Misschien kun je zelfs een doorschijnend of kanten lint toevoegen voor die delicate touch. De lagen lint zorgen voor diepte en zorgen ervoor dat de krans rijk en vol aanvoelt, alsof hij gevuld is met feestelijke vrolijkheid.

De mix van kleurrijke linten biedt een leuk, dynamisch gevoel dat de aandacht trekt en je meeneemt in de feestelijke houding.

Nu is het moment waarop je echt creatief aan de slag kunt. Het personaliseren van je krans is wat hem helemaal van jou maakt, dus denk verder dan alleen linten. Neem alle overgebleven stukjes stof van eerdere kerstknutsels en knoop ze in kleine strikken of knopen rond de krans. Deze onverwachte textuuruitbarstingen kunnen een huiselijke, handgemaakte sfeer creëren. Of gebruik stroken geruite stof, losjes geknoopt om een winterhutgevoel te creëren. Dit zijn de kleine details die een warme, persoonlijke sfeer aan je krans toevoegen.

Vergeet niet om seizoenskleuren te kiezen. Hoewel rood en groen de traditionele kleuren zijn, kunt u experimenteren met een volledig scala aan seizoenstinten. Om uw krans een fris, winters gevoel te geven, voegt u wat ijzig wit of ijsblauw toe. U kunt ook rijke, diepe paarse en gouden tinten gebruiken om het een weelderige, rijke toon te geven. Uw schoorsteenmantel en boomversieringen moeten samensmelten om een uniforme winterfantasie te creëren, waarbij de kleuren fungeren als een verlengstuk van uw huis. Die geest van vreugde moet worden weerspiegeld in elk lint en stukje stof, een klein stukje van uzelf in elke vouw.

Maar laten we het ook over texturen hebben. Layering draait helemaal om Kerstmis, zowel qua kleur als textuur. Voeg fluwelen linten toe aan de krans om het een gezellige, uitnodigende sfeer te geven die mensen verleidt om het aan te raken. Voor een meer rustieke, buitenesthetiek die je doet denken aan de aardse geuren van dennenbossen, voeg je jute of touw toe. Pailletten en metallic draden vangen het licht en fonkelen tegen het groen als sterren als je voor een glamoureuze look gaat. Het is belangrijk om verschillende texturen te combineren en ze organisch samen te laten komen. Dit geeft de krans een gelaagde, luxueuze uitstraling zonder dat het er overdreven afgewerkt uitziet.

Plak niet zomaar alles erop en noem het een dag als het op beveiliging aankomt. Een paar bessen kunnen door de lussen worden gewikkeld, of een stengel hulst kan onder het lint worden geschoven om de indruk te wekken dat de natuur zelf de laatste hand heeft gelegd. Dit is het punt waarop uw krans een eigen leven begint te krijgen, en meer wordt dan alleen een eenvoudige assemblage die verandert en uitbreidt met elke toevoeging.

Wanneer u het personaliseert, wordt het meer dan alleen een decoratie; het wordt een weergave van de betovering van het seizoen.

Je kunt de krans zelfs verfraaien met kleine aandenkens of snuisterijen. Misschien kun je er een paar kleine belletjes of vintage kerstversieringen van vorige gelegenheden aan vastmaken. Deze unieke accenten, kleine aandenkens aan vervlogen winters, geven dat warme, nostalgische gevoel. Let er wel op dat ze de krans niet overschaduwen: ze zijn bedoeld als accenten, niet als blikvangers.

HOOFDSTUK 3

TAFEL-CENTRUMSTUKKEN – DE FEESTELIJKE STEMMING VOOR MAALTIJDEN SCHEPPEN

Een kerstdiner moet aanvoelen als een eigen feest, waarbij elke blik over de tafel meer vertegenwoordigt dan alleen het eten op het bord. De magie begint bij het middelpunt. Het doel is om feestelijke accenten toe te voegen die mensen laten glimlachen, zelfs voordat ze er een hapje van hebben gegeten. Het gaat er niet om de tafel te overdrijven. Stel je een weelderige opstelling van groen en flikkerende kaarsen voor.

De geur van dennenhout vermengd met de zachte helderheid die weerkaatste van de borden en glazen. Het is rechttoe rechtaan, maar het brengt alles samen op een gezellige, gastvrije manier.

Begin met de basis. Verzamel wat je hebt; overdrijf niet. Een paar dennenappels, wat nepbessen en wat groenblijvende takjes uit de tuin. Schik ze zo dat een bed van winterflora de ideale achtergrond vormt zonder de aandacht op zichzelf te vestigen. Leg ze over de tafelloper. Het subtiele landschap dat je bouwt, laat de details - de ware magie - doorschijnen. Laat de takken organisch over de tafel vallen, golvend en gebogen alsof ze daar thuishoren en de natuur de setting heeft gecreëerd.

En nu de kaarsen. Hier is je warmte nodig. In plaats van groot en agressief te denken, kun je overwegen om kleine votiefclusters door het gebladerte te plaatsen. De gloed is persoonlijker naarmate de kaarsen kleiner zijn. Plaats ze op verschillende hoogtes om een grillige, glinsterende look te creëren.

LED-kaarsen zijn ook een geweldige optie als echte kaarsen te gevaarlijk lijken (want laten we eerlijk zijn, kinderen en huisdieren gaan niet goed samen met open vuur). De opstelling is essentieel om de illusie te creëren dat er licht tussen de bladeren danst en de borden en gezichten die rond de tafel zitten te verlichten met zachte schaduwen en lichtflitsen.

Je hebt wat textuur nodig om te contrasteren met de gloed en het groen. Dit is het moment om metallics te gebruiken, maar niet te veel. Stel je kleine gouden versieringen voor die in het gebladerte zijn gestopt, of zilveren belletjes die tussen de dennenappels zijn gestrooid.

Deze delicate, sprankelende accenten trekken de aandacht en zorgen voor een feestelijke, weelderige touch zonder schreeuwerig te zijn. Het geheim is matigheid. Hier is een glinstering, daar is een glans. Je creëert een moment, je versiert geen boom.

Over momenten gesproken, dit is de plek waar je een persoonlijke touch kunt toevoegen. Misschien zijn het een paar kaneelstokjes vastgebonden met touw, of zorgvuldig gerangschikte gedroogde sinaasappelschijfjes in het groen. Deze kleine details geven je gasten een meeslepende ervaring door textuur, geur en visuele intrige toe te voegen.

De geur van kaneel en citrus brengt je direct naar een warme en comfortabele plek. Het doel is om een ruimte te creëren die doordacht, vriendelijk en intiem verbonden is met het seizoen, niet over perfectie.

Aarzel nooit om te gebruiken wat je al hebt. Haal alle verouderde versieringen eruit die niet geschikt zijn voor de boom en geef ze een frisse look. Misschien roept een setje kleine miniaturen of misschien een ouderwets speeltje mooie herinneringen op. Laat ze deel uitmaken van je middelpunt, met hier en daar een beetje persoonlijkheid.

Elk element vertelt een verhaal en deze opstelling zou hetzelfde moeten doen: het verhaal vertellen van de feestdagen, uw festiviteiten en de herinneringen die u hoopt te maken rond de tafel.

Denk na over de hoogte van je middelpunt. Niets te hoog of te zwaar, want je wilt dat mensen elkaar aan de andere kant van de tafel kunnen zien. Zorg voor een laag profiel en een brede indeling, maar zorg voor voldoende variatie om de aandacht van de kijker te trekken. Een glazen vaas vol ornamenten of een gelaagde taartstandaard versierd met kaarsen en groen zijn twee voorbeelden van items die je kunt verheffen. Het gaat erom lagen op te bouwen op een manier die organisch aanvoelt, alsof alles precies op de juiste plek valt. Niet op een ingewikkelde manier. Denk aan de rest van uw vakantiedecoratie bij het kiezen van kleuren. Als uw boom is versierd met rood en goud, verwerk die tinten dan in uw middelpunt door linten door het gebladerte te rijgen of kleine rode besjes te strooien tussen de dennenappels. Overweeg om gematteerde ornamenten en zilveren kaarsenhouders te gebruiken om aan te sluiten bij het ijzige blauw en zilveren kleurenschema van uw huis.

Cohesie, of een beweging van kamer naar kamer die alles met elkaar verbindt, is het doel. In plaats van dat het voelt als een op zichzelf staande productie, moet uw tafel de feestelijke sfeer in uw huis versterken.

Laten we het nu over de laatste elementen hebben, de kleine dingen die dit middelpunt zijn unieke karakter geven. Niet het soort linten dat je gebruikt om cadeautjes in te pakken. Stel je zijdezachte, vloeiende linten voor die lijken te horen bij het gebladerte, misschien gemaakt van fluweel of satijn. Knoop ze losjes vast zodat de uiteinden op natuurlijke wijze over de tafel vallen in een smaakvolle fluistering van verfijning.

De sterke lijnen van de bessen en dennenappels worden doorbroken door deze linten, die zachtheid en beweging geven. Met elk stuk voeg je meer lagen, textuur en dimensie toe.

Introduceer een thema als u zich avontuurlijk voelt. Misschien is het middelpunt van uw arrangement een scène uit een winters bos, compleet met kleine wezens verstopt in het gebladerte en sprankelende lichtjes. Of misschien is het thema klassieke elegantie, geaccentueerd door antieke ornamenten en kwikglazen kaarsenhouders.

Subtiele beslissingen die een gevoel van plaats en periode creëren zijn belangrijker dan een luid, openlijk onderwerp. Zelfs als het alleen om een maaltijd gaat, zullen je gasten het thema niet eens opmerken. In plaats daarvan zullen ze gewoon de sfeer ervaren die je hebt gecreëerd, wat is alsof je een ander universum betreedt.

Het mooiste aspect? Om dit voor elkaar te krijgen, heb je geen professionele decorateur of bloemist nodig. De imperfectie van dit soort middelpunten en het vermogen om jouw stijl en de essentie van je huis vast te leggen, maken het zo mooi.

Het draait allemaal om het aanbrengen van lagen texturen, het binnenhalen van warmte en uitnodigendheid met linten en kaarsen, en het toevoegen van diepte. Wanneer u klaar bent, zal uw tafel de rol van het middelpunt van uw feestbijeenkomst hebben aangenomen, waar overheerlijke maaltijden worden gedeeld en herinneringen worden gecreëerd.

Het maken van een kaarsen- en dennenappeldisplay

Stel je de setting voor: een tafel bedekt met het zachte licht van een kaars, dennenappels verspreid als de glitter van de natuur, en de geur van dennen die de lucht vult. Het doel van dit middelpunt is om de gezellige, rustieke charme van de feestdagen vast te leggen in plaats van opzichtig te zijn. De meest basale componenten worden eerst gebruikt: dennenappels en kaarsen. Met weinig kan een groot effect worden gecreëerd; het zit 'm allemaal in de opstelling en de finishing touches die het verschil maken.

Verzamel eerst je benodigdheden. Om de ruimtes op te vullen, verzamel je een handvol dennenappels, een paar hoge en lage kaarsen en misschien wat groen. Beschouw de dennenappels als de basis van de natuurlijke wereld. Ze bieden wat textuur en een vleugje rustieke elegantie, dus ze zijn meer dan alleen decoraties. Er hoeft niets ingewikkelds mee te worden gedaan. Schud ze gewoon even om alle resterende stukken te verwijderen en leg ze dan weg.

Deze basiskegels staan op het punt om te worden getransformeerd tot iets dat lijkt op een winterparadijs.

Concentreer u nu op de kaarsen. Selecteer kaarsen met verschillende hoogtes om visuele interesse toe te voegen. De hoogste kaarsen moeten in het midden worden geplaatst, met de kortere eromheen. Dit ontwerp krijgt diepte en trekt de aandacht met zijn gestapelde look. Gebruik kaarsen met delicate kerstaroma's, zoals kaneel of dennen, voor een beetje meer flair. Uw tafel wordt een zintuiglijk feest voor alle zintuigen en een lust voor het oog dankzij het aroma, dat de hele ervaring zal verheffen.

Laten we nu een beetje experimenteren met de positionering. Schik een basis van kunstmatig of echt blad op je tafel. Dit fungeert als achtergrond en brengt een vleugje groen om de kaarsen en dennenappels te accentueren. Schik de dennenappels in een cluster rond de kaarsen door ze tussen het blad te schikken. Laat de kegels vallen waar ze willen, maar houd de hoogste kaarsen in het midden; je wilt dat het effect natuurlijk is. Naast het creëren van een brandpunt, zorgt dit ervoor dat het licht van de kaarsen elegant weerkaatst op de dennenappels.

Misschien wilt u de dennenappels bestrooien met glitter of nepsneeuw voor een beetje feestelijke charme. Het lijkt erop dat u ze lichtjes bestrooit met magie. Maar overdrijf het niet. Om die feestelijke sprankeling vast te leggen zonder de natuurlijke schoonheid van de dennenappels te overheersen, is een lichte aanraking voldoende.

Vergeet niet om rekening te houden met de kaarsenhouders. Om een rustieke touch toe te voegen, kunt u wat touw of lint om de glazen houders wikkelen die u gebruikt. Kies metalen kaarsenhouders die glinsteren en een vleugje glitter bieden voor een verfijndere uitstraling.

Voordat u de kaarsen op het groen plaatst, plaatst u ze op deze houders. De hele weergave wordt door deze kleine touch opgetild, wat het een verfijnde maar toegankelijke uitstraling geeft.

Balans is de sleutel tot een mooie show. Probeer de kaarsen en dennenappels op verschillende manieren te rangschikken totdat je de perfecte opstelling hebt. Naast een verscheidenheid aan texturen en hoogtes, wil je een gevoel van samenhang. Denk aan het algehele uiterlijk in plaats van je te concentreren op elk onderdeel afzonderlijk.

Neem regelmatig een stapje terug om te zien hoe alles samenwerkt. Er zijn situaties waarin het laten vallen van dingen op een organische manier resulteert in de ideale regeling.

Overweeg om een paar kleine, met de feestdagen in gedachten, objecten in uw middelpunt te plaatsen als u het wat meer flair wilt geven.

Voeg wat extra vakantiecharme toe met kleine ornamenten, kleine geschenkdoosjes of zelfs een paar takjes hulst. Verdeel deze kleine objecten tussen de kaarsen en dennenappels, en zorg ervoor dat ze de blikvangers van uw arrangement versterken in plaats van ermee botsen.

Sneeuw en sprankeling toevoegen voor de finishing touch

Stel je voor: met een paar simpele aanpassingen transformeert je tafel, die al versierd is met dennenappels en kaarsen, in een prachtig winterparadijs. Niet alleen decoraties, nepsneeuw en goed geplaatste verlichting zijn de geheime saus die een gewoon middelpunt verheft tot een spectaculair kunstwerk.

Ten eerste de nepsneeuw. Het gaat er meer om een beetje van die winterse flair in te bouwen dan om je tafel eruit te laten zien als een sneeuwstorm.

Bestrooi de basis van de kaars en het dennenappelarrangement met een klein beetje sneeuw. De sneeuw moet fonkelen en het licht vangen, waardoor het hele tafereel een schone, ijzige uitstraling krijgt. Het lijkt alsof er een lichte sneeuwval op uw tafel heeft gekust, waardoor de klassieke wintercharme in uw huis komt.

Selecteer kunstmatige sneeuw door varianten te selecteren met een vleugje glans of sprankeling. Het doel hier is om het licht op een manier vast te leggen die mystiek aanvoelt, niet om een sneeuwstorm te creëren. Strooi het lichtjes tussen de dennenappels en rond de basis van de kaarsen.

Een beetje gaat een heel eind; als je te veel gebruikt, loop je het risico de inherente schoonheid van je middelpunt te overheersen. In plaats van de componenten die je al hebt gemonteerd te verbergen, streef je naar een lichte afstofbeurt die ze tot leven brengt.

Denk vervolgens aan de verlichting. Het is belangrijk om de juiste toon te zetten, maar het is ook belangrijk om ervoor te zorgen dat uw middelpunt de ster van de show is. Kleine ledlampjes zijn ideaal voor dit soort werk. Ze bieden een zachte, sfeervolle gloed en zijn eenvoudig te integreren in uw arrangement zonder dat ze de hoofdrol spelen.

Zorg ervoor dat u ze gelijkmatig rangschikt voor een aangename look door ze om uw kaarsen te wikkelen of ze tussen de dennenappels te stoppen. Het doel is om een zachte verlichting te genereren die de glans van de imitatiesneeuw benadrukt en uw feesttafel een gezellige warmte geeft.

Overweeg om figuurlijk gesproken een beetje feeënstof toe te voegen als je je echt gedurfd voelt. Kleine pailletten of glitters kunnen worden gebruikt als glinsterende accenten om de sneeuw een magische touch te geven door het licht te vangen. Vergeet niet dat nuance essentieel is. In plaats van te concurreren met de rest van je middelpunt, wil je dat deze accenten het accentueren. Je tafel ziet er extra glinsterend uit zonder dat het er schreeuwerig uitziet met een klein beetje extra.

Denk ook na over waar u uw middelpunt wilt hebben. De ideale locatie is er een die zowel veilig is voor mogelijke ongelukken als ruimte biedt voor bewondering. Zorg ervoor dat er niets dat vlam kan vatten te dicht bij de echte kaarsen staat, als u ze gebruikt. Veiligheid staat voorop! Plaats uw middelpunt op een plek waar het mooi geaccentueerd wordt door de lichten en waar het niet omver wordt gestoten of gestoten tijdens uw vakantiemaaltijden.

Bekijk de omgeving rond uw tafel. Als er bovenverlichting is in uw eetkamer, zet deze dan iets zachter zodat de kaarsen en lichtslingers schijnen.

Als u een buffet of een meer ontspannen eetgelegenheid voorbereidt, zorg er dan voor dat de ruimte goed verlicht is, waarbij het middelpunt uw middelpunt is. Het doel is om een spectaculair middelpunt te creëren dat de aandacht trekt en de stemming voor uw vreugdevolle gelegenheid bepaalt.

Vergeet niet om het ook privé te houden. Uw middelpunt moet uw eigen feestelijke sfeer uitstralen. Voeg een paar kleine, sentimentele items toe, zoals kleine ornamenten of aandenkens met kerstthema's die een speciale betekenis voor u hebben.

Uw middelpunt wordt een onderdeel van uw vakantieverhaal in plaats van slechts een decoratie dankzij deze kleine details.

HOOFDSTUK 4
BUITENVERLICHTING WEERGAVEN

N iets is zo fijn als een lichtshow aan de buitenkant om uw huis in een winterparadijs te veranderen tijdens de feestdagen. Stel u voor dat uw huis is versierd met sprankelende lichten die een betoverende show tegen de nachthemel bieden en omstanders verleiden om even te stoppen en te genieten van de kerstsfeer. Het kost meer dan alleen een paar lichtjes ophangen om uw huis 's avonds te transformeren in een magische kerstlichtshow.

Zorg er allereerst voor dat uw huis overal goed verlicht is. Het doel is om een frame te maken dat de aandacht op het gebouw vestigt. Gebruik verlichting om de aandacht op de deuren, ramen en daklijn te vestigen. LED-strengen zijn hiervoor geweldig; ze zijn helder, energiezuinig en kunnen veel grond bedekken zonder uw portemonnee leeg te trekken. Zorg ervoor dat de lampen gelijkmatig zijn geplaatst terwijl u ze drapeert om oneffenheden te voorkomen. Een huis dat vanuit elk perspectief lijkt te glinsteren, waarbij het ene gebied met lampen vloeiend overgaat in het volgende, heeft een zeer aantrekkelijke kwaliteit.

Denk er vervolgens over om uw display meer diepte en dimensie te geven. Hier kunnen grondlichten erg nuttig zijn. Plaats ze in bloemperken, op wegen en trottoirs. Deze lichten bieden een laagje schittering dat onder de voeten van gasten danst en hen bovendien naar uw entree leidt. Als u struiken of bomen in uw tuin hebt, overweeg dan om er lichtjes omheen te rijgen om uw huis te omlijsten met felle kolommen van kleur. Het is vergelijkbaar met het bezaaien van uw landschap met sterren; elk ervan verbetert het algehele beeld.

Wees niet bang om figuren en opblaasbare objecten te gebruiken voor een speels tintje. U kunt sneeuwmannen, de Kerstman en rendieren gebruiken als speelse middelpunten voor uw presentatie. Rangschik ze op een feestelijke manier om gasten te verwelkomen, misschien in uw voortuin of naast uw entree. Let wel op de grootte; hoewel kleinere decoraties verloren kunnen gaan, kunnen grotere snel uw kamer overnemen. Om ervoor te zorgen dat deze componenten in harmonie met uw verlichting werken in plaats van ertegenin, is balans essentieel.

Bedenk dat het niet alleen om de verlichting gaat. Denk aan het gebruik van kransen en verlichte guirlandes in uw ontwerp. Een aantrekkelijke en gezellige entree wordt gecreëerd door een verlichte krans op de voordeur. Evenzo geeft het draperen van een guirlande over een raamkozijn of het omsluiten van een reling uw display een gevoel van verfijning en samenhang.

Selecteer guirlandes met geïntegreerde verlichting voor een naadloze uitstraling die geen extra bedrading of problemen met zich meebrengt.

Voeg een paar projectoren of kleurveranderende lichten toe aan uw opstelling om de sfeer te verbeteren. Kleurveranderende lichten geven uw display een dynamische touch door verschillende tinten te doorlopen en uw tuin tot leven te brengen. Aan de andere kant kunnen projectoren een extra laag betovering toevoegen aan de voorkant van uw huis zonder dat er een ingewikkelde opstelling nodig is door kersttaferelen of sneeuwvlokpatronen erop te projecteren.

Prioriteit één bij het installeren van buitenverlichting is veiligheid. Zorg ervoor dat u verlengsnoeren gebruikt die geschikt zijn voor gebruik buitenshuis en dat alle elektrische aansluitingen goed vastzitten. Palen in de grond kunnen helpen om de snoeren strak te houden en struikelgevaar te voorkomen. Als u timers gebruikt, zorg er dan voor dat deze zijn geprogrammeerd om de lampen op de juiste tijden aan en uit te zetten, zodat u ze niet de hele nacht aan laat staan. Het is een eenvoudige handeling die energie kan besparen en mogelijke problemen kan voorkomen.

Je verlichtingsopstelling heeft een grote invloed op het uiteindelijke resultaat. Kies simpele, geometrische patronen en minimalistische motieven voor een meer eigentijdse uitstraling.

De juiste verlichting en plaatsing kiezen

De juiste verlichting, op de juiste plaatsen, kan uw huis werkelijk transformeren tot een feestelijk wonderland. Met zoveel beschikbare variaties kan het selecteren van buitenverlichtingssnoeren een lastige opgave lijken. Geef prioriteit aan kwaliteit en veiligheid. Zorg ervoor dat de verlichting die u kiest, is gemarkeerd voor gebruik buitenshuis; dit zorgt ervoor dat ze weerbestendig zijn en verkleint de kans op elektrische problemen. Hier zijn LED-lampen een geweldige optie omdat ze lang meegaan, energiezuinig zijn en, het beste van alles, koel blijven aanvoelen - een voordeel als u ze in de buurt van brandbare materialen wilt gebruiken.

Denk na over het soort licht dat u wilt gebruiken. Terwijl gekleurde lichten een duidelijke vakantiesfeer geven, hebben heldere lichten een tijdloze, elegante uitstraling. U kunt lichten met verschillende effecten kiezen, zoals achtervolgen of twinkelen, voor een beetje entertainmentwaarde. Deze kunnen worden gecombineerd om een visueel opvallende, dynamische weergave te bieden die in het donker oplicht.

De lengte van de lichtslingers moet worden gekozen op basis van de grootte van het gebied en het gewenste dekkingsniveau. Het geheim is om lampen te kiezen die uw algehele gezichtsvermogen aanvullen en aanpasbaar genoeg zijn om in verschillende omgevingen te functioneren.

Het is de plaatsing die het verschil maakt. Bepaal welke locaties de grootste invloed hebben wanneer u uw ruimte voor het eerst indeelt.

Teken de omtrek van uw dak voor een opvallende verschijning.

Deze tijdloze methode vestigt de aandacht op de architectonische details van uw huis en creëert een krachtig silhouet. Plaats lichten op hekken, leuningen en pilaren om de kerstsfeer naar binnen te halen. Kijk hoe de lichten vallen; inconsistenties of gaten kunnen het algehele effect wegnemen.

Vergeet de stroomvoorziening niet. Zorg ervoor dat de stopcontacten en verlengsnoeren die u buiten hebt, geschikt zijn voor de taak.

Om elektrische ongelukken te voorkomen, zoekt u naar verlengsnoeren die waterdicht zijn en gebruik GFCI-stopcontacten.

Gebruik een buitenstekkerdoos (voorkom overbelasting) als u meer dan één lichtsnoer moet aansluiten. Een belangrijk aspect van de kerstsfeer is veiligheid.

Overweeg om lagen te gebruiken als u wilt dat uw verlichtingsontwerp opvalt. Door verschillende verlichtingsarmaturen samen te gebruiken, kunt u diepte en interesse creëren.

Spotlights die uw landschapsarchitectuur benadrukken, passen bijvoorbeeld goed bij de lichtsnoeren op het huis. U kunt ook grote, levendige lampen combineren met lichtsnoeren om een grillig contrast te creëren.

Door lagen aan uw display toe te voegen, kunt u textuur toevoegen en ervoor zorgen dat uw display zelfs van een afstandje opvalt.

De impact van uw lampen wordt ook beïnvloed door de hoogte waarop u ze ophangt. Hoger opgehangen lampen kunnen een grotere ruimte verlichten en een dramatische weergave produceren, terwijl lager opgehangen lampen bepaalde details benadrukken. Wanneer u met bomen werkt, kunt u lampen gebruiken om een watervaleffect te creëren door ze om de stam en takken te wikkelen en sommige los te laten hangen. Deze techniek geeft uw tuin een charmante, natuurlijke uitstraling.

Voordat u beslist waar u uw lampen uiteindelijk wilt plaatsen, moet u ze even testen. Zodra u ze hebt aangesloten, kunt u de nodige aanpassingen doen. In deze fase controleert u of alles goed werkt en kunt u zien hoe ze er in verschillende situaties uitzien. Zodra u de nodige aanpassingen hebt gedaan, bevestigt u de lampen stevig met clips of haken voor buiten. Zo blijven uw lampen precies op de gewenste plek en voorkomt u dat ze doorzakken.

Een ander advies is om slimme stekkers of lichttimers te gebruiken om uw display te automatiseren. Met timers kunt u precieze tijden instellen voor het in- en uitschakelen van uw lampen, wat naast handig ook energie bespaart. Met behulp van spraakassistenten of smartphones kunt u uw lampen gemakkelijker beheren met slimme stekkers. Met dit extra gemak kunt u moeiteloos uw display veranderen vanuit het comfort van uw eigen huis.

Voor een afgewerkte look, voeg verlichting toe aan uw landschapsarchitectuur. Gebruik lichtsnoeren of grondverlichting om de aandacht te vestigen op struiken, tuinbedden en paden. Met deze methode wordt de overgang van uw huis naar uw tuin gladgestreken, waardoor de hele ruimte een vrolijke, gastvrije sfeer krijgt.

Verrijken met slingers en led-vormen

S tel je voor dat je huis bedekt is met lichtjes, met LED-vormen die een vleugje magie aan de nacht toevoegen en slingers die als glinsterende linten hangen. LED-vormen en gloeiende slingers kunnen je buitenshow van aantrekkelijk naar spectaculair brengen. Met deze toevoegingen kan je tuin een fantasierijk wonderland worden waar elk stukje bijdraagt aan een spectaculaire kerstshow.

BEGIN MET GUIRLANDES. U kunt deze aanpasbare decoraties over hekken, leuningen en ingangen hangen. Ze zijn gemaakt van verschillende materialen, zoals jute, klatergoud en groen. Of het nu een traditionele, altijd groene guirlande is of iets eigentijdser, kies een guirlande die goed past bij uw huidige inrichting. Kies guirlandes met geïntegreerde led-lampjes voor extra glitter. Rijke texturen en zachte verlichting werken samen om een gezellige, gastvrije ambiance te creëren.

Volg uw fantasie bij het ophangen van guirlandes. U kunt ze aan het plafond van een overdekte veranda hangen, ze over de rails van uw trap wikkelen of ze over uw voordeur draperen. Elke locatie biedt een nieuwe kans om de vrolijke sfeer te verhogen. Gebruik voor buiten geschikte guirlandehaken of -klemmen om alles georganiseerd te houden. Dit voorkomt dat de guirlandes gaan hangen of doorzakken en behoudt hun gepolijste uiterlijk.

LATEN WE HET NU OVER LED-vormen hebben. Dit zijn geen typische kerstlampjes. Stel je zuurstokken voor die gloeien, sneeuwvlokken die glinsteren en sterren die fonkelen om wat plezier aan je display toe te voegen. LED-vormen zijn verkrijgbaar in verschillende ontwerpen, elk met een uniek vleugje magie. Plaats ze op strategische plekken in je tuin om opvallende aandachtspunten te creëren. Je kunt sterren aan de dakrand rijgen, een sneeuwvlok in een boom planten of een pad bekleden met glinsterende zuurstokken.

Wanneer u met LED-vormen werkt, overweeg dan om lagen te gebruiken. Om diepte en intrige toe te voegen, combineert u ze met slingers en lichtsnoeren. Versier bijvoorbeeld een boomstam met een slinger en plaats er LED-sneeuwvlokken op. Of hang een lichtsnoer over een hek en verdeel de heldere sterren om het snoer te verankeren. Dit soort lagen verbetert de esthetische aantrekkingskracht en geeft het ontwerp een dynamische, dynamische uitstraling.

DENK NA OVER HOE GROOT uw LED-vormen zijn. Terwijl kleinere decoraties overal verspreid kunnen worden voor een meer ingetogen look, kunnen grotere dienen als statement pieces. Probeer verschillende formaten en locaties om te bepalen wat het beste bij uw omgeving past. Wees niet bang om vormen te mixen en combineren om variatie en verrassing te bieden.

Voor een vleugje verfijning, combineer je LED-vormen met het kleurenschema van je guirlandes. Als je guirlande klassiek groen is, kunnen gouden LED-vormen een stijlvolle touch geven.

Voor een futuristische twist, mix zilveren guirlandes met coole blauwe LED-vormen. Matchende kleuren versterken de harmonie van uw presentatie en zorgen voor een uniform effect.

Veiligheid is altijd een prioriteit, vooral bij buitendecoraties. Zorg ervoor dat alle LED-vormen en slingers geschikt zijn voor buitengebruik om de weersomstandigheden te doorstaan. Om risico's te vermijden, moet u de bedrading en verbindingen regelmatig controleren.

HOOFDSTUK 5
DIY INPAKKEN

Cadeautjes uitpakken is altijd spannend, maar er zit ook spanning in het inpakken van cadeaus. Niet alleen moet het cadeau verborgen zijn, maar je verpakking moet ook een statement maken en elk cadeau verheffen tot de status van een kunstwerk. Hier is hoe je de simpele handeling van het inpakken van cadeaus kunt verheffen, zodat je cadeaus het gesprek van de kerstbijeenkomst worden.

Begin met de essentials en kies een inpakpapier dat past bij het huidige seizoen. Hoewel klassieke motieven zoals zuurstokken, sneeuwvlokken en rendieren altijd populair zijn, wees niet bang om unieke prints of zelfs zelfgemaakte creaties uit te proberen. Overweeg om kraftpapier te gebruiken en je eigen decoraties te maken om een persoonlijke touch toe te voegen. Het is een leeg canvas dat wacht tot je fantasie de vrije loop krijgt.

Nadat u uw papier hebt gekozen, moet u de wikkelmethode overwegen. Hoewel precisie belangrijk is, is perfectie niet noodzakelijk.

Een nette, schone vouw kan het verschil maken. Om er zeker van te zijn dat het cadeau helemaal bedekt is, meet u genoeg papier af om het helemaal te bedekken, plus een beetje overlap. Om nette en verborgen naden te behouden, gebruikt u dubbelzijdige tape en een scherpe schaar voor nauwkeurig knippen.

Laten we nu naar het leuke gedeelte gaan: de versieringen. Hier zijn labels, strikken en linten je maatjes. Een eenvoudig pakketje kan met linten tot iets geweldigs worden gemaakt. Kies touw voor een rustieke uitstraling of grote satijnen linten voor een weelderig effect.

Experimenteer met verschillende texturen en kleuren om te ontdekken wat het beste bij uw papier past en het algehele effect versterkt.

Een andere geweldige manier om flair toe te voegen is met strikken. Hoewel er kant-en-klare strikken verkrijgbaar zijn, heeft het maken van uw eigen strikken een unieke kwaliteit. Bevestig de strik van lint met een klein beetje plakband of lijm aan de bovenkant van het cadeau.

Wat was het resultaat? Een gepolijst cadeau dat eruitziet alsof het in een boetiek is gekocht.

Vergeet niet om cadeaulabels toe te voegen. Ze bieden de kans om een speelse touch of een persoonlijke boodschap toe te voegen, naast dat ze functioneel zijn. Maak met wat fantasie en karton je eigen labels. Schrijf een oprechte opmerking of versier met stickers en stempels. Voor een meer afgewerkte uitstraling, bind je een stuk touw of lint om het label.

Als u nog meer inventiviteit wilt toevoegen, denk dan eens aan het gebruik van natuurlijke materialen. U kunt kleine ornamenten, hulstbladeren of dennenappels aan het lint vastmaken om het een extra feestelijk gevoel te geven.

Zorg ervoor dat alle extra onderdelen stevig vastzitten om verlies of schade te voorkomen.

Gestapelde verpakking is een extra creatief idee. Nadat u het cadeau in één soort papier hebt verpakt, omhult u het midden met een band van contrasterend papier. Met deze aanpak krijgt uw verpakking meer diepte en aantrekkingskracht. Om alles bij elkaar te brengen, knoopt u een strik of lint in contrasterende kleuren. Het is een makkelijke truc met een krachtig effect.

Houd uw inpakruimte te allen tijde opgeruimd. Uw vermogen om u te concentreren op de details en te genieten van het proces zullen beide profiteren van een opgeruimd bureau. Neem de tijd terwijl u aan elk cadeau werkt en houd al uw benodigdheden bij de hand. U kunt inpakken gebruiken om uw artistieke kant te laten zien en een persoonlijk tintje toe te voegen aan elk cadeau.

Als iemand van een uitdaging houdt, bedenk dan eens om cadeaus op een ongebruikelijke manier in te pakken. Verpak je cadeaus met antieke kaarten, lapjes stof of sjaals.

Deze ongewone materialen kunnen de cadeau-ervaring een persoonlijk tintje geven en de herinnering eraan vergroten.

Gebruik geheime berichten of verborgen kamers om verrassingsaspecten toe te voegen. Stop bijvoorbeeld een kleiner cadeau of een brief in een grotere doos. Het verhoogt het enthousiasme van de ontvanger en maakt het uitpakken interessanter.

Het ontwerpen van aangepaste cadeaulabels met behulp van ornamenten

Gepersonaliseerde cadeaulabels gemaakt van handgemaakte decoraties maken elk cadeau een vreugdevolle verrassing. Het is meer dan alleen een naamlabel op een cadeau binden; het is een kwestie van je eigen unieke flair en originaliteit in elk cadeau te stoppen. Dit is hoe je die gekoesterde zelfgemaakte ornamenten kunt omtoveren tot unieke cadeaulabels die je cadeaus echt laten opvallen.

Stel eerst uw ornamenten samen. Denk aan de ornamenten die u in de loop der jaren hebt gemaakt; of ze nu een klein barstje hebben, een ongebruikelijke vorm, of ze passen gewoon niet helemaal bij het motief van uw boom, maar ze zijn te waardevol om weg te gooien. Dit zijn ideale kandidaten voor de positie van cadeaulabel die u hebt ingenomen.

Maak eerst de versieringen klaar. Als ze te groot zijn, denk er dan over om ze te snoeien tot een hanteerbaarder formaat. U kunt eventuele extra stukken afknippen met een draadknipper, zodat u een stuk overhoudt dat de ideale grootte heeft voor een label. Schuur ze vervolgens lichtjes op als ze een glanzende afwerking of scherpe randen hebben, zodat ze een glad oppervlak hebben om op te schrijven of te versieren.

Het is nu tijd om deze ornamenten om te vormen tot handige cadeaulabels. Knoop een klein stukje lint of touw om elk ornament. Dit zal dienen als bevestigingspunt, dus kies iets aantrekkelijks en robuusts. Als het ornament nog geen klein gaatje aan de bovenkant heeft, maak er dan een met een boor of naald en rijg het touw erdoorheen. Maak een strakke knoop, waarbij je een klein stukje touw laat hangen voor eenvoudige bevestiging van het cadeau.

Laten we nu beginnen met experimenteren met het ontwerp. Een manier om te beginnen is om elk ornament aan te passen.

Schrijf de naam van de ontvanger of een korte, oprechte notitie direct op het ornament met verf of een fijne stift. Zorg ervoor dat de verf helemaal droog is voordat u ermee aan de slag gaat, om vlekken te voorkomen. Voeg kleine tekeningen van sterren, harten of sneeuwvlokken toe aan de naam om het een feestelijk tintje te geven.

Voeg wat glitter of versieringen toe om het wat extra pit te geven. Een beetje glitterlijm kan een gewoon ornament omtoveren tot iets schitterends en vrolijks. Als alternatief kun je kleine steentjes of stickers toevoegen voor een textuur- en kleurexplosie.

Zorg er wel voor dat alles wat u toevoegt stevig vastzit en niet los kan raken tijdens het hanteren.

Denk aan laagjes voor een meer verzorgde uitstraling. Een klein stukje patroonstof of papier moet om het ornament worden gewikkeld voordat het aan het cadeau wordt vastgemaakt. Dit kan uw cadeaupresentatie meer diepte geven en een mooi contrast vormen met het ornament. Om ervoor te zorgen dat het papier of de stof op zijn plaats blijft, gebruikt u een lijmpistool om het te bevestigen.

Elegant inpakpapier maken met sjablonen en verf

Zelf inpakpapier maken is een creatieve manier om een feestelijk en uniek tintje aan uw cadeaus toe te voegen. Waarom zou u niet wat moeite doen en iets echt origineels creëren in plaats van genoegen te nemen met ontwerpen die u in de winkel kunt kopen? Hier leest u hoe u verf, sjablonen en stempels gebruikt om uniek inpakpapier te maken.

Geef prioriteit aan uw benodigdheden door ze eerst te verzamelen. Een rol gewoon inpakpapier, dat als canvas dient, is vereist.

Selecteer een glad, hoogwaardig papier voor optimale resultaten. Daarnaast heb je sjablonen of stempels nodig met feestelijke ontwerpen, zoals hulst, sterren of sneeuwvlokken. Vervolgens heb je verf nodig, met feestelijke tinten zoals goud, zilver, scharlakenrood en groen. Gebruik karton of schuimvellen om je eigen sjablonen te maken als je geen sjablonen of stempels hebt.

Richt eerst uw werkplek in. Om te voorkomen dat er verfspatten op uw oppervlakken terechtkomen, spreidt u een groot stuk plastic of oude kranten uit. Omdat verf extreem krachtig kan zijn, moet u ervoor zorgen dat uw werkruimte voldoende ventilatie heeft. Om uw gewone inpakpapier plat te houden, rolt u het uit en plakt u de randen af.

Laten we het nu over sjablonen hebben. Als u kant-en-klare sjablonen gebruikt, plak ze dan met schilderstape op het papier om beweging te voorkomen. Verf over het sjabloon met een kwast of spons. Zorg dat u uw kwast niet te veel verf geeft, want hierdoor kan het ontwerp wazig worden en onder het sjabloon sijpelen. Door de verf erop te deppen, krijgt u een helder, scherp beeld. Wanneer u klaar bent met het bedekken van het sjabloongebied, trekt u het er voorzichtig af en laat u het papier drogen voordat u verdergaat met een nieuw gedeelte of sjabloontoepassing.

Een leuk alternatief is om je eigen sjablonen te maken als je handig bent met doe-het-zelfprojecten. Knip schuimplaten of karton in kerstvormen. Zorg ervoor dat de vormen groot genoeg zijn, zodat het inpakpapier een herkenbaar ontwerp heeft. Wanneer je sjablonen klaar zijn, ga je te werk zoals eerder: bevestig de sjabloon, breng een beetje verf aan en trek hem voorzichtig los. Er zijn talloze creatieve en aanpasbare opties met deze aanpak.

Een andere fantastische tool voor het maken van ontwerpen voor inpakpapier is een stempel. Je kunt stempels gebruiken die je op de markt koopt of aardappelen of schuim snijden om je eigen stempel te maken. Druk stevig op het inpakpapier nadat je je stempel in de verf hebt gedoopt. Herhaal indien nodig om een terugkerend patroon te creëren. Probeer verschillende kleuren en stempelposities totdat je een lay-out vindt die je aanspreekt. Wacht, net als bij sjablonen, tot de verf helemaal droog is voordat je verdergaat.

Uw inpakpapier krijgt diepte en interesse wanneer u ontwerpen over elkaar heen legt. Begin met het aanbrengen van een basiskleur en laat deze volledig drogen. Breng vervolgens een contrasterend ontwerp aan met behulp van sjablonen of stempels. Met deze methode kunt u een prachtig, multidimensionaal effect creëren dat het algehele uiterlijk van het inpakpapier verbetert.

Vergeet niet om uw unieke accenten toe te voegen. U kunt namen of andere tekst direct op het inpakpapier schrijven met een klein penseeltje. Voor extra sprankeling kunt u kleine elementen toevoegen, zoals glitter of metallic accenten.

HOOFDSTUK 6
DE GROTE FINALE

Het hoogtepunt van uw vakantiemake-over is het moment waarop alles samenkomt om een geweldige kerstfantasie te creëren. Op dit punt is alles van belang en gebeurt er daadwerkelijk magie. Dit is uw moment om uw visie op de feestdagen tot leven te brengen, van de vrolijke decoraties die uw gasten verwelkomen tot de sprankelende lichtjes die rond uw huis dansen.

Begin met uw buitenexpositie; zie het als de hoofdingang die naar uw winterwonderland leidt. Uw huis moet een warme, gastvrije oase zijn. Begin met het draperen van lichtsnoeren over de ramen en langs de dakranden om een omtrek voor uw huis te creëren. Of het nu een opvallend veelkleurig schema is, een traditioneel wit schema of een combinatie van beide, kies een kleurenschema dat past bij uw algehele concept. Vergeet niet om wat grotere, opvallende componenten toe te voegen om een grillige sfeer te creëren, zoals verlichte sneeuwmannen of rendieren.

Fleur de scène op met feestelijke guirlandes en kransen als u naar de voortuin of veranda gaat. Slingers kunnen over de randen van de voordeur, palen en leuningen worden gewikkeld. Laat ze opvallen door er wat linten en fonkelende lichtjes aan toe te voegen. Creëer een krans die zowel verfijnd als innemend is door conventioneel groen te combineren met seizoensgebonden snuisterijen. Een prachtig versierde vooringang geeft een aantrekkelijke sfeer en laat bezoekers weten dat ze op het punt staan een prachtige plek te betreden.

Laat de magie in uw huis voortduren met een prachtig versierde kerstboom. Kies een plek waar de boom vanuit meerdere hoeken kan worden bewonderd. Versier hem met een combinatie van traditionele en unieke decoraties. Lichtsnoeren moeten zich een weg banen tussen de bomen, zodat er genoeg ruimte overblijft voor ornamenten, slingers en guirlandes. Voeg een boomtopper toe die past bij uw algehele motief, zoals een engel, ster of iets speciaals dat u bezit.

Een ander belangrijk kenmerk is uw eetkamer. Gebruik servetringen, plaatsinstellingen en seizoensgebonden tafelstukken om uw tafel om te toveren tot een feestmaal dat geschikt is voor een koning of koningin. De scène kan worden gedekt met een tafelloper in levendige, feestelijke kleuren. Denk aan het combineren van natuurlijke materialen, zoals hulst en dennenappels, met kleine, oogverblindende ornamenten of kaarsen. Elke setting moet een unieke sfeer hebben met weloverwogen accenten die elke bezoeker vereerd laten voelen.

De sfeervolle decoraties dienen als laatste detail. Kerstkousen moeten zorgvuldig worden opgehangen, met unieke accenten die de essentie van elk gezinslid vastleggen. Uw woonruimtes lijken gezelliger en feestelijker als u er feestelijke dekens en kussens doorheen verspreidt. Gebruik diffusers of kaarsen om kerstgeuren toe te voegen, waardoor de geurervaring de visuele extravaganza aanvult.

JE HUIS KAN IN ELK gebied een wonderlandgevoel hebben. Plaats slingers of kunstwerken met vakantiethema's naast fotolijsten en schoorsteenmantels als kleine finishing touches. Plaats feestelijke beeldjes of vignetten op onverwachte plekken, zoals een feestelijk tafereel bovenop een boekenplank of een dienblad vol kerstlekkernijen op de salontafel.

Zet een aantal van je favoriete kerstliedjes op een afspeellijst; muziek maakt de sfeer beter.

Coördinatie van binnen- en buitendecoraties

S tel je voor dat je in een warme en uitnodigende ruimte komt die aanvoelt als een natuurlijke voortzetting van je buitenvakantie-uitstalling nadat je de frisse winterlucht in bent gestapt. Wanneer je een samenhangende flow creëert tussen je buiten- en binnendecoraties, wordt je huis een volledig ingericht winterparadijs, waarbij elk gebied de andere aanvult.

KIES OM TE BEGINNEN een kleurenschema dat in beide ruimtes werkt. Selecteer tinten die goed passen bij binnenruimtes en goed presteren in natuurlijk daglicht. Een samenhangende look kan worden bereikt met traditioneel rood en groen, ijzig blauw en zilver, of verfijnd goud en wit. Elke verandering van buiten naar binnen voelt gepland en doelgericht aan als uw kleuren op elkaar zijn afgestemd.

Beschouw uw voortuin als een prachtige introductie van buitenaf. Gasten worden naar uw deur geleid door een prachtig verlicht pad, waarlangs de eerste glimpen van uw binnenthema verschijnen. Wanneer gasten uw huis binnenkomen, gebruikt u aanvullende lichten of slingers op uw buitenleuningen om hun blik te richten met dezelfde kleuren en patronen.

Bezoekers moeten dezelfde verwondering voelen als buiten zodra ze binnenkomen. Zorg eerst voor uw entree. Versier deze op een manier die uw buitenthema weerspiegelt. Als u buiten ijspegels en sneeuwvlokken hebt gebruikt, breng dat thema dan binnen over met een glinsterende guirlande of een sneeuwkrans.

Hierdoor ontstaat er een directe verbinding tussen de twee gebieden en wordt de kijker voorbereid op een naadloze ontmoeting.

Breng deze harmonie naar binnen met uw boomdecoratie. Als u uw buitenruimte hebt versierd met felle, grote lichten, overweeg dan om iets kleinere, vergelijkbare lichten te gebruiken voor uw kerstboom. Blijf decoraties en ornamenten gebruiken die passen bij uw buitenthema. U kunt zelfs een aantal van dezelfde kleuren of patronen gebruiken van uw boomdecoraties.

Een andere cruciale plek waar deze synchronisatie excelleert is de eethoek. Als uw eethoek buitenverlichting heeft die twinkelt, repliceer het effect dan binnen met kaarslicht of lichtsnoeren aan de zijkanten. Een tafelmiddenstuk dat de tinten en designelementen van uw buitendecor aanvult, verenigt de hele look.

Overweeg gelaagdheid als het aankomt op decoraties. Neem bijvoorbeeld rustieke charme-items zoals jute en dennenappels op in uw interieur als uw buitenruimte een vergelijkbaar concept heeft.

Voor speelse thema's kunt u het plezier ook naar buiten brengen met kleurrijke decoraties en feestelijke ontwerpen.

Onthoud de details. Vul de guirlandes en kransen binnen en buiten aan. Zoek naar binnenverlichting die dezelfde kleur heeft als uw buitenverlichting, als deze warm wit is. Dit soort nauwkeurige aandacht voor details zorgt ervoor dat het algehele ontwerp van uw huis consistent blijft.

DE SOEPELE MIX WORDT versterkt door zelfs de kleinste details. Gebruik identieke strikken of linten binnen en buiten. Kies een complementair stuk voor het interieur als u een bepaald ornament of decoratie buiten hebt. Er ontstaat een gevoel van intentionaliteit en eenheid door deze kleine echo's.

Bovendien helpen interactieve componenten zoals zelfgemaakte knutsels of aangepaste decoraties om de kloof te dichten.

Geur en geluid toevoegen voor een multi-sensorische vakantiesfeer

Stel je voor dat je wordt begroet door een gezellige, vreugdevolle omhelzing die elke sensatie bevredigt zodra je je huis binnenkomt tijdens de feestdagen. Het is belangrijker om te overwegen hoe iets je laat voelen dan hoe het eruitziet. Om je huis te transformeren in een authentiek vakantieparadijs, moet je een multi-auditieve ervaring creëren die de geest van Kerstmis belichaamt in de hele ruimte.

BEGIN MET GEUR. HET is verbazingwekkend hoe snel herinneringen en emoties die met feestdagen geassocieerd worden, kunnen worden opgeroepen door een bekende geur. Klassieke kerstgeuren zoals dennen, kaneel en nootmuskaat nemen je mee naar drukke feestmarkten en ijzige bossen. Vul je huis met de traditionele kerstgeur door kaneelstokjes op het fornuis te laten sudderen of kaarsen aan te steken die naar dennen geuren. Je kunt etherische olie diffusers gebruiken voor een meer ingetogen look. Selecteer mengsels met een vleugje citrus gemengd met dennen om een schone, energieke ambiance te creëren. Bedenk dat het doel is om de kamer te verlaten met een vleugje aroma zonder het te overheersen.

Denk dan eens na over hoe muziek de feestdagen feestelijker maakt. De juiste liedjes kunnen je huis veranderen in een feestelijk toevluchtsoord, omdat muziek de mogelijkheid heeft om direct de toon te zetten. Maak een afspeellijst met je favoriete kerstliedjes aller tijden, van levendige seizoensmelodieën tot klassieke kerstliederen. Organiseer je speakers zo dat de muziek door de kamer stroomt in plaats van dat het maar van één plek komt. Maak afspeellijsten die geschikt zijn voor verschillende tijden van de dag.

Traditionele kerstliederen op een rustige manier kunnen uw gasten verwelkomen, terwijl vrolijke, moderne muziek uw kerstbijeenkomsten kan opvrolijken. Beperk jezelf echter niet tot muziek. Overweeg om soundscapes toe te voegen die de feeststemming versterken. Denk aan omgevingsgeluiden, zoals het zachte getik van vallende sneeuw of het knetterende vuur. Deze opties zijn beschikbaar op veel geluidsapparaten en apps, wat de onderdompeling nog verder versterkt. Om een speels element toe te voegen, kun je zelfs een paar feestelijke bellen of klokkenspelletjes laten klinken als bezoekers bepaalde kamers binnenkomen.

Een ander onderdeel van deze multisensorische ervaring is textuur. Gezellige tapijten, donzige kussens en zachte plaids verleiden bezoekers om te ontspannen en de feestelijke sfeer te omarmen. Selecteer texturen die de kamer opwarmen en goed passen bij uw interieur. Gebreide textielsoorten, fluweel en imitatiebont brengen allemaal gezelligheid en feest. Plaats deze dingen in de woonkamer of leeshoek, of een andere plek waar mensen organisch samenkomen.

Ondanks hun belang functioneren visuele componenten het beste in combinatie met geluid en geur. De schoonheid van feestelijke displays, de schittering van decoraties en de helderheid van glinsterende lichten dragen allemaal bij aan de hele ervaring. Zorg ervoor dat al deze visuele accenten zichtbaar zijn vanuit verschillende delen van uw huis, zodat het visuele feest continu is. Het spel van licht en schaduw verhoogt de feeststemming door diepte en intrige te bieden.

Overweeg om deze zintuiglijke aspecten op te nemen in uw vakantiegebruiken voor een extra speciaal tintje. Creëer een familietraditie die het aansteken van een speciale kaars, het luisteren naar uw favoriete kerstmuziek en het nippen van warme dranken omvat.

SAMENVATTING

Laten we deze reis samen afronden door uw huis om te toveren tot een vakantieparadijs. Stelt u zich eens voor: het zicht, geluid en de geur van uw huis zijn allemaal perfect samengevoegd om een oogverblindend baken van vakantieplezier te creëren. Een mystieke winterwonderland-achtige stemming wordt gecreëerd door de aandacht voor elk detail en hoekje.

Begin met je voor te stellen dat je kamer tijdens de feestdagen is omgetoverd tot een warm en gastvrij toevluchtsoord. De geur van versgebakken koekjes, kaneel en dennen verwelkomt je hartelijk zodra je binnenkomt. Het gaat erom een zintuiglijke ervaring te creëren die iedereen die door je deur komt verwelkomt, niet alleen een paar versieringen op te hangen.

Beschouw de feestverlichting als meer dan alleen decoratieve verlichting. Ze zijn de sterren van uw buitendisplay en verlichten uw huis als een baken van vreugde. Selecteer lichtsnoeren die bij uw stijl passen; kies een gedurfd kleurenschema voor een levendige, vermakelijke display, of een klassiek wit voor een verfijnde uitstraling.

Plaats ze zo dat de architectonische elementen van uw huis optimaal tot hun recht komen. Vergeet niet om er bomen en struiken mee te omringen voor een extra magisch tintje.

Eenmaal binnen kan uw decor uw artistieke kant laten zien tijdens de feestdagen. Stel u een groot middelpunt voor op uw eettafel, een compositie van dennenappels en kaarsen die de schoonheid van de natuur combineert met een vleugje vakantiemagie.

Voeg wat nepsneeuw toe en zachte verlichting om de aantrekkingskracht te vergroten. Elke maaltijd voelt als een speciale gelegenheid dankzij deze eenvoudige maar effectieve mix die een visueel focuspunt creëert.

Gebruik je creativiteit als het gaat om het inpakken van cadeaus. Maak je eigen inpakpapier met feestelijke verf en sjablonen. Elk cadeau wordt uniek door deze persoonlijke touch, wat ook de vreugde van de ontvanger vergroot. Gebruik handgemaakte decoraties als cadeaulabels om een gepersonaliseerde, handgemaakte touch aan cadeaus toe te voegen.

Pas dezezelfde vindingrijkheid toe op uw buiteninrichting, waar LED-vormen en slingers uw opstelling speels en aantrekkelijk maken.

Laat de patronen die lijken op sneeuwvlokken, sterren of zelfs speelse wezens uw voortuin versieren. Dit creëert een gevoel van ontzag dat zowel toeschouwers als uw gasten zal betoveren.

Zorg ervoor dat uw exterieur- en interieurdecoraties op elkaar zijn afgestemd voor een volledig feestelijk gevoel in uw woning. Zorg ervoor dat uw interne thema's op natuurlijke wijze naar buiten overvloeien, waardoor een samenhangend ontwerp ontstaat dat het hele huis samenbindt. Deze eenheid tussen interieur- en exterieurdecoratie versterkt het magische effect en maakt uw huis een opvallende verschijning tijdens de feestdagen.

Vergeet natuurlijk ook de invloed van geluid en geur niet. Haal vakantiegeuren als kaneel en dennen in huis om de perfecte sfeer voor de feestdagen te creëren.

Om de stemming te bepalen, combineer je dit met een zorgvuldig gekozen afspeellijst met geliefde kerstliedjes. Met deze multisensorische aanpak weet je zeker dat elke keer dat iemand je huis bezoekt, ze worden ondergedompeld in een feestelijke sfeer.

STRATEGISCH ACTIEPLAN

1. **Planning en budgettering**
   - **Stel doelen:** Bepaal de algehele visie voor uw vakantiedecoratie. Bepaal of u een klassieke, moderne of grillige look wilt.

   - **Maak een budget:** Geef aan hoeveel u bereid bent uit te geven aan decoraties, verlichting en andere elementen. Wijs fondsen toe aan verschillende categorieën, zoals buitenverlichting, binnendecoraties en cadeauverpakkingsmaterialen.

2. De lay-out ontwerpen
   - Binnenhuisdecoratie: Schets een basisindeling van waar u de belangrijkste decoraties wilt plaatsen. Denk aan aandachtspunten zoals de woonkamer, eetkamer en entree.

   - **Buitendecoratie:** Plan de plaatsing van lichten, slingers en andere buitenelementen. Identificeer belangrijke gebieden zoals de voortuin, veranda en ramen.

3. WINKELEN EN BENODIGDHEDEN aanschaffen
   - **Stel een lijst samen:** Maak een lijst van alle spullen die je nodig hebt, inclusief lampjes, ornamenten, inpakpapier, sjablonen en andere benodigdheden.

   - **Artikelen kopen:** Koop uw decoraties en zorg ervoor dat u hoogwaardige, veilige materialen krijgt. Kijk naar aanbiedingen of kortingen om binnen uw budget te blijven.

4. UITVOERING VAN DE decoratie-installatie

- **Buitenverlichting:** Begin met het installeren van buitenverlichting. Test ze voordat u ze monteert om er zeker van te zijn dat ze goed werken. Gebruik indien nodig verlengsnoeren en timers voor het gemak.

- **Binnendecoraties:** Begin met grotere items zoals de boom en grote middelpunten. Voeg dan kleinere decoraties toe zoals kaarsen, dennenappels en slingers.

- **Cadeauverpakking:** Maak uw eigen inpakpapier en labels. Richt een inpakstation in om het proces te stroomlijnen en consistentie te garanderen.

5. De laatste hand leggen

- **Geur en geluid:** Plaats geurkaarsen of diffusers door het hele huis. Maak een afspeellijst met kerstmuziek om op de achtergrond af te spelen, wat de feestelijke sfeer versterkt.

- **Controleer de samenhang:** Zorg ervoor dat uw binnen- en buitendecor in harmonie zijn.

Maak indien nodig aanpassingen om een samenhangende look te behouden.

6. Onderhoud en updates

- **Regelmatige controles:** Controleer regelmatig de verlichting en decoraties om er zeker van te zijn dat alles goed werkt.

- **Vernieuw de inrichting:** Werk items bij of vervang ze die beschadigd of verouderd zijn. Houd nieuwe decoraties in de gaten die uw thema kunnen verbeteren.

7. Feedback verzamelen

- Vraag om meningen: ontvang feedback van familie en vrienden over uw interieur.

Gebruik hun inzichten om eventuele laatste aanpassingen door te voeren.

- Evalueer de impact: denk na over wat goed ging en wat er verbeterd kan worden voor toekomstige feestdagen.

8. Geniet van het seizoen

- Organiseer evenementen: nodig vrienden en familie uit om te genieten van uw getransformeerde ruimte. Plan feestelijke activiteiten zoals feestdagen, diners of filmavonden.

- Vieren: Neem de tijd om uw harde werk te waarderen en geniet van de magische sfeer die u hebt gecreëerd.

Door dit strategische actieplan te volgen, kunt u ervoor zorgen dat uw huis wordt omgetoverd tot een feestelijk wonderland dat iedereen die op bezoek komt, betovert en verrukt.

Don't miss out!

Visit the website below and you can sign up to receive emails whenever NORA GREY publishes a new book. There's no charge and no obligation.

https://books2read.com/r/B-A-IDOTC-BENIF

BOOKS 2 READ

Connecting independent readers to independent writers.

Also by NORA GREY

Cómo Transformar tu Hogar en un Paraíso Navideño: Convierte tu hogar en el mágico país de las maravillas de Papá Noel

Hoe u uw Huis Kunt Transformeren Tot Een Kerstwonderland: Verander uw huis in het magische wonderland van de Kerstman

Milton Keynes UK
Ingram Content Group UK Ltd.
UKHW020915291124
451807UK00013B/930